Lisa Sipos

Familie im Nationalsozialismus

GRIN Verlag

Bibliografische Information der Deutschen Nationalbibliothek:

Die Deutsche Bibliothek verzeichnet diese Publikation in der Deutschen National-
bibliografie; detaillierte bibliografische Daten sind im Internet über http://dnb.d-
nb.de/ abrufbar.

Dieses Werk sowie alle darin enthaltenen einzelnen Beiträge und Abbildungen
sind urheberrechtlich geschützt. Jede Verwertung, die nicht ausdrücklich vom
Urheberrechtsschutz zugelassen ist, bedarf der vorherigen Zustimmung des Verla-
ges. Das gilt insbesondere für Vervielfältigungen, Bearbeitungen, Übersetzungen,
Mikroverfilmungen, Auswertungen durch Datenbanken und für die Einspeicherung
und Verarbeitung in elektronische Systeme. Alle Rechte, auch die des auszugsweisen
Nachdrucks, der fotomechanischen Wiedergabe (einschließlich Mikrokopie) sowie
der Auswertung durch Datenbanken oder ähnliche Einrichtungen, vorbehalten.

Impressum:

Copyright © 2009 GRIN Verlag GmbH
Druck und Bindung: Books on Demand GmbH, Norderstedt Germany
ISBN: 978-3-640-36339-1

Dieses Buch bei GRIN:

http://www.grin.com/de/e-book/130732/familie-im-nationalsozialismus

GRIN - Your knowledge has value

Der GRIN Verlag publiziert seit 1998 wissenschaftliche Arbeiten von Studenten, Hochschullehrern und anderen Akademikern als eBook und gedrucktes Buch. Die Verlagswebsite www.grin.com ist die ideale Plattform zur Veröffentlichung von Hausarbeiten, Abschlussarbeiten, wissenschaftlichen Aufsätzen, Dissertationen und Fachbüchern.

Besuchen Sie uns im Internet:

http://www.grin.com/

http://www.facebook.com/grincom

http://www.twitter.com/grin_com

**Johann Wolfgang Goethe – Universität
Frankfurt am Main**

Fachbereich 04
- Erziehungswissenschaften -

WS 08/09

Politik und Pädagogik

Ausarbeitung des Referats:

Die Familie im Nationalsozialismus

Lisa Sipos

Inhaltsverzeichnis

1. Einleitung

Die Bedeutung der Familie spielte in der Geschichte schon immer eine wichtige Rolle. Doch in jeder Zeit wurde der Begriff ‚Familie' anders definiert. Heutzutage sieht man neben den ‚klassischen' Familien (Eltern und Kinder) häufig auch alleinerziehende Elternteile, Patchworkfamilien und gleichgeschlechtliche Partnerschaften. In der Zeit des Nationalsozialismus wären diese Formen von Familie schwer vorstellbar gewesen.

Familie kommt vom lateinischen *familia*, das Hausgemeinschaft bedeutet. Es ist eine Lebensgemeinschaft, die durch Heirat oder Abstammung meist aus Eltern und Kindern besteht und zusammen lebt.

Im Dritten Reich wurde die Familie nach Horst Becker folgendermaßen definiert: *„Die Familie ist eine Lebensgemeinschaft, aber eine Lebensgemeinschaft besonderer Art. Sie ist Lebensgemeinschaft innerhalb der natürlichen Ordnung, innerhalb der naturhaften Schicht des Geschehens. Sie ist Lebensgemeinschaft, die auf Blutsgemeinschaft beruht, sie ist Lebendgemeinschaft und Blutsgemeinschaft zugleich. In dieser innigen Verbindung und Durchdringung liegt die Einmaligkeit und Einzigartigkeit der Familie. (...) Die Familie ist die natürlichste, unmittelbarste und innigste Gemeinschaft.“*[1]

Unter Natürlichkeit verstand Horst Becker, die Gleichheit des Blutes. Unmittelbar sei die Familie, weil man in sie hineingeboren ist ohne sie wählen zu können und die Innigkeit begründet er damit, dass sie die *„Erziehungsgemeinschaft ersten Ranges“*[2] sei.

Im nationalsozialistischen Staat kam der Familie eine ganz besondere Bedeutung zu. Sie war diejenige Instanz, die ausschließlich für die Fortpflanzung des deutschen Volkes zuständig war.

In dieser Ausarbeitung wird zunächst auf die Stellung der Familie im Volk und die daraus resultierende Familienpolitik eingegangen. Danach wird der innere Aufbau der Familie und die Erziehung in dieser betrachtet. Zuletzt wird überprüft, ob und in welchem Maße das nationalsozialistische Idealbild der deutschen Familie in die Realität des Nationalsozialismus umgesetzt worden ist.

---

[1] Becker, Horst: Die Familie. Bücher zur deutschen Volkskunde; Verlegt bei Moritz Schäfer in Leipzig.S.38.
[2] Becker, Horst: Die Familie. Bücher zur deutschen Volkskunde; Verlegt bei Moritz Schäfer in Leipzig.S.38.

2. Das Volk. Die natürliche Ordnung

Für den Nationalsozialismus war das Volk der oberste Wert, der oberste Gedanke. Ausgang und Ziel von allem war das Volk, dessen Erhaltung und Stärkung. Es sollte eine wahre Volksgemeinschaft entstehen, in welcher der Wert der Einzelpersönlichkeiten nicht nach Herkunft, Vermögen und Stand, sondern allein nach Leistung für die Gemeinschaft bestimmt wurde.

Der Nationalsozialismus sah im Volk die lebendige ‚Gemeinschaft aus Blut und Boden'. Die Theorie der ‚Gemeinschaft aus Blut und Boden' entsprang der nationalsozialistischen Überzeugung, dass das deutsche Volk mit seinem reinen Blut zu einer solchen Einheit zusammenwachsen sollte. Diese Auffassung gründete auf dem Gedanken der Volksgemeinschaft und der blutsmäßigen Verbundenheit aller Deutschen. Entscheidend war die rassische Begründung dieser Volksgemeinschaft. Die deutsche Nation galt als die Blutsgemeinschaft der sogenannten ‚Arier', deren Rasse rein erhalten und weiterentwickelt werden sollte.

Den Ideen der Nächstenliebe und Barmherzigkeit setzte der Nationalsozialismus die Pflicht entgegen, mit jedem Opfer für die Gemeinschaft einzutreten. Die nationalsozialistische Ideologie forderte die Zusammenordnung aller Deutschen zu einer echten Lebensgemeinschaft.

Die Familie stellt einen wichtigen Teil dieser Lebensgemeinschaft dar. Horst Becker schrieb: „Von Anfang an ist die Familie eingeordnet in das größere Gebilde Volk. Vom Volk aus bestimmt sich ihre Aufgabe und ihre besondere Form."[3] Erst das Volk macht die Familie zu etwas Ganzem und bestimmt ihr Wesen und ihre Aufgaben: „Die Familie ist nirgends schon das Ganze, sondern erst das Volk ist das Ganze (...). Nur als Glied des Volkes hat die Familie ihr Recht und ihre Aufgabe."[4]

Die Aufgaben und Rechte der Familie waren in der nationalsozialistischen Ideologie stets mit der Gemeinschaft des Volkes verbunden. Daher wollten die Nationalsozialisten möglichst genau die Aufgaben der Familie definieren, um sie besser in das ganze Gebilde Volk einzubauen.

---

[3] Becker, Horst: Die Familie. Bücher zur deutschen Volkskunde; Verlegt bei Moritz Schäfer in Leipzig. S.11.
[4] Becker, Horst: Die Familie. Bücher zur deutschen Volkskunde; Verlegt bei Moritz Schäfer in Leipzig. S.140.

Die Familie galt als *„die wichtigste Zelle des Staates"*(Hans Anderlahn, 1937)[5], da sie für die Erhaltung der Gemeinschaft verantwortlich war. Durch ihre Aufgabe als *„Bewahrerin der natürlichen Kräfte des Volkes, Bewahrerin des Blutsstromes und der blutstreuen Sitte"* [6] stellte sie das *„bewahrende Element innerhalb der natürlichen Ordnung des Volkes"*[7] dar.

Die Familie als Glied des Volkes wurde von den Nationalsozialisten verherrlicht und idealisiert. Sie war das wesentliche Element der Erhaltung des Blutes. Allerdings stellte die Familie als Element, in sich geschlossen, auch eine Gefahr für den nationalistischen Staat dar. Die Regierung versuchte daher die einzelnen Mitglieder der Familie zu separieren, um diese besser steuern und beeinflussen zu können. Eine strenge Familienpolitik wurde verfolgt, die vor allem auf das Bewahren und Vermehren des arischen Blutes zielte. Die Familie als private Gruppe wurde zur *„Familie als beauftragtes Glied des Volkes"*[8]. Familiengründung wurde somit zur nationalen Pflicht für jeden Deutschen.

3. Familienpolitik im Nationalsozialismus

Die wichtige Bedeutung, welche die Familie für das deutsche Volk hatte, zeigte sich in der Familienpolitik des Nationalsozialismus: *„Die neue Auffassung von der Familie und ihrer Aufgabe im Volk findet ihren praktischen Niederschlag in einer neuen Familienpolitik."*[9] Dabei wurde verlangt individuelle Ansprüche zurückzustellen und Opfer für die Gemeinschaft einzubringen: *„Für uns ist das erste und oberste nicht das Individuum mit seinen oberflächlichen Glücksansprüchen, sondern die Gemeinschaft des Volkes, und unter dieser die Gemeinschaft der Familie."*[10]

Die Familienpolitik im Nationalsozialismus war vor allem von der rassischen Bevölkerungspolitik bestimmt. Ihre oberste Aufgabe bestand in der Reinhaltung des

---

[5] http://www.lsg.musin.de/geschichte/Material/Quellen/ns-familie.htm (4.01.09).
[6] Becker, Horst: Die Familie. Bücher zur deutschen Volkskunde; Verlegt bei Moritz Schäfer in Leipzig. S.138.
[7] Becker, Horst: Die Familie. Bücher zur deutschen Volkskunde; Verlegt bei Moritz Schäfer in Leipzig. S.136.
[8] Becker, Horst: Die Familie. Bücher zur deutschen Volkskunde; Verlegt bei Moritz Schäfer in Leipzig. S.141.
[9] Becker, Horst: Die Familie. Bücher zur deutschen Volkskunde; Verlegt bei Moritz Schäfer in Leipzig.149.
[10] Becker, Horst: Die Familie. Bücher zur deutschen Volkskunde; Verlegt bei Moritz Schäfer in Leipzig.150.

deutschen Erbgutes. Die Familie *„steht unter politischem Auftrag; in ihrem inneren Aufbau wird sie durch Kameradschaft, den Grundgedanken der politischen Volksordnung, neu verbunden, ihr Autoritätsverhältnis durch den Führergedanken gekräftigt. Ihr eigentlicher politischer Auftrag bleibt aber der, Schoß des Organischen zu sein, Zelle zu sein, in der die Substanz des Volkes bewahrt und erneuert wird, natürliche Ordnung, die in dem jungen Volksbürger den Grund seiner völkischen Erziehung legt."[11]*

Ein deutsches Volk sollte mit Hilfe von politischen Mitteln herangezüchtet werden.

Folgende Regeln galten, um dieses zu erreichen:

- Verhütung bei erbkranken, körperlich oder geistig benachteiligtem Nachwuchses (Gesetz zur Verhütung des erbkranken Nachwuchses vom 14.7.1933)

- Verhinderung und Verbot von Mischehen (Nürnberger Gesetze vom 15.11.1935)

- Förderung Erbgesunder und Erbtüchtiger

Nach den Nürnberger Gesetzen vom 15. September 1935 war es nur arischen Personen erlaubt eine Ehe einzugehen. Beziehungen eines nicht Ariers mit einem Arier waren nicht geduldet und wurden zum ‚Schutz des deutschen Blutes und der deutschen Ehre' verboten. Der NS Staat wollte arisch einwandfreien und gesunden Nachwuchs. Behinderten, kranken Frauen und Männer konnte daher eine Zwangssterilisation und Zwangsabtreibung anbefohlen werden.

Um das deutsche Blut zu bewahren sollten arische Frauen und Männer früh heiraten und möglichst viele Kinder zeugen: *„Es geht hier darum, daß der Lebensstrom nicht abreißt, daß der Kreislauf von Hochzeit, Geburt, Aufzucht und wieder Hochzeit durch alle Schwierigkeiten hindurch weiter bewahrt wird."[12]*

Im Ehegesetz von 1938 wurde das Zeugen von Kindern als Sinn der Ehe festgelegt. Jede ‚gute Familie' sollte mindestens vier Kinder haben. Der wichtigste Grund für eine Familiengründung sollte im Nationalsozialismus nicht die Liebe der Partner zueinander sein, sondern das Zeugen von Nachkommen.

Um die Geburtensteigerung in Familien zu steigern gab es verschiedene Förderprogramme, zum Beispiel Ehestandsdarlehen mit Geburtenrabatt (Heiratswillige

---

[11] Becker, Horst: Die Familie. Bücher zur deutschen Volkskunde; Verlegt bei Moritz Schäfer in Leipzig.149.

[12] Becker, Horst: Die Familie. Bücher zur deutschen Volkskunde; Verlegt bei Moritz Schäfer in Leipzig.137.

Paare bekamen Darlehen und mussten weniger Geld zurückzahlen, je mehr Kinder sie bekamen), Kindergeld, finanzielle Beihilfe, Steuervergünstigungen, Ehrungen von Müttern nach ihrer Kinderzahl und zahlreiche Horte und Kindergärten. Um einen Geburtenrückgang zu verhindern, wurden Ledigensteuern und Strafsteuern für Ehepaare, die nach fünf Jahren noch keinen Nachwuchs vorweisen konnten, eingeführt. Auch nicht verheiratete gesunde Frauen sollten dem Führer Kinder schenken. Dafür wurden Einrichtungen geschaffen, wie zum Beispiel Himmlers *Lebensborn e. V.*, in dem nach der nationalsozialistischen Rassenhygiene und Gesundheitsideologie arischer Nachwuchs gezüchtet wurde. Himmler schrieb über die Ziele des von ihm gegründeten Vereins: *„Über die Grenzen vielleicht sonst notwendiger bürgerlicher Gesetze und Gewohnheiten hinaus wird es auch außerhalb der Ehe für deutsche Frauen und Mädel guten Blutes eine hohe Aufgabe sein können, nicht aus Leichtsinn, sondern in tiefstem sittlichem Ernst Mütter der Kinder ins Feld ziehender Soldaten zu werden, von denen das Schicksal allein weiß, ob sie heimkehren oder für Deutschland fallen."*[13]

Der Leitspruch der Familienpolitik im Nationalsozialismus war: *„Wir leben, um zu hinterlassen"*[14]. Kinder zeugen und gebären wurde zur nationalen Pflicht. Um zu gewährleisten, dass der Nachwuchs gesund und arisch war, gab es das Ehetauglichkeitsgesetz vom Oktober 1935.

<u>Ehetauglichkeitsgesetz</u>

Im Nationalsozialismus war die Ehe dafür zuständig, das deutsche Volk zu erhalten. Um die Reinheit des arischen Blutes zu garantieren, wurden Eheschließungen genauestens überwacht und kontrolliert.

Die Nationalsozialisten sahen in der Ehe die wichtigste soziale Institution der angewandten Eugenik. Sie galt als der *„Hauptangriffspunkt jeder planmäßigen Regelung der Fortpflanzung"*, da *„nur im Rahmen der Familie die Fortpflanzung und die Aufzucht der Nachkommen der hygienischen Überwachung mit solcher Gründlichkeit und auf so lange Dauer unterstellt werden [kann], daß die Entstehung körperlich und geistig Minderwertiger mehr und mehr verhindert und die Aufzucht*

---

[13] http://www.ns-archiv.de/krieg/zukunft/himmler.php (4.01.09).
[14] Becker, Horst: Die Familie. Bücher zur deutschen Volkskunde; Verlegt bei Moritz Schäfer in Leipzig.156.

einer den nationalen Auftrieb gewährleistenden Anzahl rüstiger Nachkommen gesichert wird. [15]

Eine Bescheinigung der Eheeignung durch das Eheeignungszeugnis war die Voraussetzung für den Erhalt eines Ehezeugnisses.

Ein Arzt untersuchte Frauen und Männer, die eine Ehe eingehen wollten, anhand eines ‚Prüfungsbogens für Ehetauglichkeit'. Nach einer körperlichen Untersuchung wurden Familienangehörigen erfasst und auf ihre Herkunft überprüft. Die Ärzte sollten bei der Beurteilung der Eheeignung auf Folgendes achten:

„I. Vorliegen einer Erbkrankheit,

II. erbliche Belastung,

III. Vorhandensein einer Infektionskrankheit,

IV. Vorhandensein einer das Leben bedrohenden Krankheit,

V. Vorliegen von anderen Umständen, die eine Verheiratung als im Interesse der Volksgemeinschaft nicht ratsam erscheinen lassen." [16]

Diese Überprüfung jedes Heiratswilligen auf Ehetauglichkeit war im Ehegesundheitsgesetz und im Blutschutzgesetz verankert. Wer seine Ehetauglichkeit bescheinigen musste und dieses aber nicht vorweisen konnte oder gar verweigerte, musste mit einem Eheverbot rechnen. Ohne Ehetauglichkeitszeugnis durften keine Ehen geschlossen werden.

Waren Frauen nach der Verheiratung erwerbslos und in Besitz eines Ehezeugnisses, konnte ein Ehestandsdarlehen in Anspruch genommen werden.

Am 3.November 1937 wurde das Personenstandsgesetz beschlossen. Reichsweit wurde das Familienbuch eingeführt, das eine Erweiterung für die bestehenden Geburten- und Heiratsregister darstellte.

---

[15] Czarnowski, Gabriele: Das kontrollierte Paar. Ehe- und Sexualpolitik im Nationalsozialismus; Weinheim, 1991. S. 62.

[16] Czarnowski, Gabriele: Das kontrollierte Paar. Ehe- und Sexualpolitik im Nationalsozialismus; Weinheim, 1991. S. 186.

4. Der innere Aufbau der Familie

Horst Becker forderte in seinem Buch *Die Familie* eine Erziehung zur Familie, die über die Säuglingspflege der Mutter und die Vaterrolle des Mannes hinausgehen und sich in einer *„gesamte[n] große[n] Volkserziehung und Volksbildung"*[17] zeigen sollte. Seiner Auffassung nach begann diese bei einer neuen Anerkennung der Ehe. Ehe war im Nationalsozialismus keine Privatangelegenheit mehr, sondern Sache des Volkes.

Nicht aus Liebe wurde geheiratet, sondern um dem deutschen Staat zu dienen: *„Daß Ehe nicht eine Privatsache ist, sondern eine Forderung, der ich mich als verantwortliches Glied des Volkes unterstelle, wird besonders deutlich in der Frage der Gattenwahl."*[18]

Wie sehr sich viele Menschen im Nationalsozialismus dieses Zitat zu Herzen nahmen, zeigt sich in den beiden folgenden Heiratsanzeigen[19] aus jener Zeit.

Inserat aus den „Münchener Neusten Nachrichten". Mann sucht Frau:

Zweiundfünfzig Jahre alter, rein arischer Arzt, Teilnehmer an der Schlacht bei Tannenberg, der auf dem Lande zu siedeln beabsichtigt, wünscht sich männlichen Nachwuchs durch eine standesamtliche Heirat mit einer gesunden Arierin, jungfräulich, jung, bescheiden, sparsame Hausfrau, gewöhnt an schwere Arbeit, breithüftig, flache Absätze, keine Ohrringe, möglichst ohne Eigentum.

Heiratsannonce aus dem „Völkischen Beobachter". Frau sucht Mann:

Deutsche Minne, BDM-Mädel, gottgläubig, aus bäuerlicher Sippe, artbewusst, kinderlieb, mit starken Hüften, möchte einem deutschen Jungmann Frohwalterin seines Stammhalters sein (niedere Absätze – kein Lippenstift).

Für den Nationalsozialismus war es keine persönliche Angelegenheit, wen man sich als Ehepartner wählte, da niemand als *„abgelöster Einzelmensch, sondern Glied einer*

---

[17] Becker, Horst: Die Familie. Bücher zur deutschen Volkskunde; Verlegt bei Moritz Schäfer in Leipzig. S.151.
[18] Becker, Horst: Die Familie. Bücher zur deutschen Volkskunde; Verlegt bei Moritz Schäfer in Leipzig. S.152.
[19] http://www.klett.de/sixcms/media.php/8/426030_s104_105.pdf (5.01.09).

Kette von Geschlechtern und Glied eines Volkes"[20] zu verstehen war. Für den Nationalsozialisten sollte *„die Stimme des Blutes sprechen, wenn sich Mann und Frau zusammenfinden, (…) und nicht die Stimme seltsamer und verdorbener Gelüste."*[21] Rassenhygiene sollte die Menschen lehren, über den Kreis der Gegenwärtigen hinaus in Geschlechtern zu denken. Der *„blutssichere Instinkt [sollte] zusammenführen, was seiner Art nach zusammengehört".*[22]

Mischehen von nicht arischen Personen und Arier waren aus diesem Grund nicht erlaubt. Ehen dienten dazu, dass arische Volk zu bewahren und zu vermehren. Das Ziel war, dem Volk Kinder und Jugendliche für eine deutsche Zukunft zu schenken. Daher war es auch das Kind *„das eine, das die Ehe zur Familie macht"*[23]:

Für die Nationalsozialisten setzt sich die Familie aus den drei Bestandteilen Vater, Mutter und Kinder zusammen: *„In der Dreiheit von Vater, Mutter, Kind ist die Familie in der Natur vorgebildet. Durch das natürliche Band des Blutes und durch den naturhaften Trieb der Liebe sind Mann, Frau und Kind aneinander gebunden."* [24]

Die Familie hatte für den Nationalsozialismus genau wie das Volk im Ganzen eine bestimmte Ordnung. Die Aufgaben, der einzelnen Mitglieder waren vorgeschrieben und mussten von diesen erfüllt werden. Horst Becker beschrieb diese ‚natürliche Ordnung der Familie' in zwei Schritten: *„Familie hat eine natürliche Ordnung. Das heißt erstens: Die Familie gehört dem naturhaften Grund des Volkes an, der Welt von Blut und Boden, der organischen Schicht des Geschehens. Das heißt zweitens: Trotzdem ist die Familie nicht wildwachsende Natur, sondern gesetzte Ordnung, die dem einzelnen als Forderung und Aufgabe entgegentritt."*[25]

Die Nationalsozialisten sahen es nicht als zufällig, dass Mann und Frau verschieden waren. Eben diese Verschiedenheit, die der Natur nach sinnvoll aufeinander bezogen sei, stellte den Mann und die Frau vor unterschiedliche Aufgaben, die sie zu erfüllen

---

[20] Becker, Horst: Die Familie. Bücher zur deutschen Volkskunde; Verlegt bei Moritz Schäfer in Leipzig. S.153.

[21] Becker, Horst: Die Familie. Bücher zur deutschen Volkskunde; Verlegt bei Moritz Schäfer in Leipzig. S.153.

[22] Becker, Horst: Die Familie. Bücher zur deutschen Volkskunde; Verlegt bei Moritz Schäfer in Leipzig. S.153.

[23] Becker, Horst: Die Familie. Bücher zur deutschen Volkskunde; Verlegt bei Moritz Schäfer in Leipzig. S.26.

[24] Becker, Horst: Die Familie. Bücher zur deutschen Volkskunde; Verlegt bei Moritz Schäfer in Leipzig. S.15.

[25] Becker, Horst: Die Familie. Bücher zur deutschen Volkskunde; Verlegt bei Moritz Schäfer in Leipzig. S.19.

hatten: *„Dem Manne eignet von beiden Geschlechtern die größere Körperkraft und größere Beweglichkeit. Fortpflanzung und Aufzucht beanspruchen ihn viel weniger als die Frau, die durch Schwangerschaft, Geburt, Nähren des Kindes gebundener und unbeweglicher ist und selbst dann, wenn sie kein Kind in ihrem Leibe trägt, an diese ihre mütterliche Aufgabe mit jedem Wechsel des Monats schmerzhaft erinnert wird. Die freie Beweglichkeit des Mannes befähigt und treibt ihn zu Aufgaben, die aus dem Kreise der Familie hinausführen. Der Frau ist mit der Mutterschaft ihr Beruf von Natur gegeben, der Mann aber muß seine Aufgabe erst finden, ja erfinden und schaffen.* "[26]

Die Aufgabe des Mannes in der Familie

Der Vater sollte als *„Lenker der Familiengeschicke"* die Familie *„führen"*. *„Er schafft durch seine Arbeit, die äußeren Voraussetzungen für das Familienleben."*[27]

Neben dem Zeugen von erbgesundem Nachwuchs hatte er vor allem die Aufgabe der *„Vertretung der Familie nach außen"*[28]. Dies bedeutete, dass er die Familie vertrat, repräsentierte und verteidigte. Außerhalb der Familie war er für das Volk und die Gemeinschaft tätig. Die Männer sollten auf dem Schlachtfeld für das Volk Ehre und Ruhm erkämpfen und Krieg für ihre Frauen und Kinder führen. Das erstrebenswerte Ziel war, den Heldentod für Führer, Volk und Vaterland zu sterben.

Man verlangte vom Familienvater, *„daß er in der SA oder SS seinen Dienst (tat), daß er Amtsverwalter seine Kraft und seine Zeit der Partei und damit dem Volksganzen zur Verfügung stell(t)e"* (Möller-Crivitz 1940)[29]

Die Aufgabe der Frau in der Familie

„So wie der Mann ganz und gar Außenarbeit leistet, so ist auf der anderen Seite die gesamte Tätigkeit der Frau ins Innere des Hauses verlegt worden. Ihr Reich ist nur noch das Haus, der Herd."[30]

---

[26] Becker, Horst: Die Familie. Bücher zur deutschen Volkskunde; Verlegt bei Moritz Schäfer in Leipzig. S.21.
[27] Keim, Wolfgang (1997): Erziehung unter der Nazi-Diktatur, Bd. II, Wissenschaftliche Buchgesellschaft, Darmstadt. S.32.
[28] Becker, Horst: Die Familie. Bücher zur deutschen Volkskunde; Verlegt bei Moritz Schäfer in Leipzig. S.22.
[29] Keim, Wolfgang: Erziehung unter der Nazi-Diktatur, Bd. II, Wissenschaftliche Buchgesellschaft, Darmstadt, 1997. S. 31.
[30] Becker, Horst: Die Familie. Bücher zur deutschen Volkskunde; Verlegt bei Moritz Schäfer in Leipzig. S.23.

Das Tätigkeitsfeld der Frauen beschränkte sich in erster Linie auf das Haus und die Familie. Sie war für das Gebären und Aufziehen der Kinder verantwortlich. Ihre *„reichste und schönste Erfüllung findet sie ausschließlich in der Mutterschaft (...) im Dienst am Leben und Wachsen."*[31]

Hitler sagte über die Rolle der Mutter, dass in seinem Staat *„die Mutter die wichtigste Staatsbürgerin [sei]"*, welche die Aufgabe hatte Kinder zur Welt zu bringen und *„Gebärin und Hüterin der Rasse zu sein"*[32]

Die idealisierte Frau äußerte keine eigenen Wünsche. Ihr Lebensinhalt war die Familie, sie litt, opferte, diente dem Staat und erhielt erst durch ihre Lebensaufgabe, Kinder zu gebären, ihre Identität. Sie sollte eine treue Gattin und eine fürsorgliche Mutter sein, die sich ganz dem Haushalt und der Kindererziehung widmete.

Die NS-Propaganda bemühte sich darum, die Frauen und Mütter von diesem Idealbild zu überzeugen. Man wollte, dass sie ihre Arbeit aufgab, um sich ganz der Mutterrolle hinzugeben.

Zur Rolle der Frau schrieb Joseph Goebbels 1929 in sein Tagebuch: *„Die Frau hat die Aufgabe, schön zu sein und Kinder zur Welt zu bringen. Das ist gar nicht so roh und unmodern, wie es sich anhört, die Vogelfrau putzt sich für den Mann und brütet für ihn die Eier aus. Dafür sorgt der Mann für die Nahrung, sonst steht er auf der Wacht und wehrt den Feind ab."*[33]

Zeitzeugen sahen die Rolle der ‚Vogelfrau' anders als ihnen von Politik und Ideologie vorgeschrieben wurden. Gerda Zorn erzählt 1980 zum Thema ‚Frauen unter dem Hakenkreuz': *„Nach ihrer Heirat musste meine Mutter ihre Sekretärinnenstelle aufgeben, weil es so genannte Doppelverdiener nicht geben durfte (...) Die Nazis machten eine Religion daraus, den Frauen die Rolle als Hausfrau und Mutter zuzuweisen. Meine Mutter hasste die ‚Drei-K-Rolle' [Kinder-Küche-Kirche]. Als geselliger Mensch sehnte sie sich nach Kontakten mit anderen Menschen. Da sie sich*

---

[31] Becker, Horst: Die Familie. Bücher zur deutschen Volkskunde; Verlegt bei Moritz Schäfer in Leipzig. S.21.

[32] http://www.scharf-links.de/57.0.html?&tx_ttnews%5Btt_news%5D=1050&tx_ttnews%5BbackPid%5D=25&cHash=cf2a74c32a (5.01.09).

[33] http://www.politische-bildung-brandenburg.de/ravensbrueck/gerda_szepansky.htm (4.1.09).

weder der Nazi-Ideologie noch mit der Nachbarschaft, die dieser Ideologie mehr oder
weniger verfallen war, anfreunden konnte, blieben ihr nur Haushalt und Garten. [34]

Nach der nationalsozialistischen Auffassung sollten in der Familie die beiden
Geschlechter ihre natürliche Erfüllung finden, indem Mann und Frau nach ihren
jeweiligen natürlichen Begabung eine bestimmte Aufgabe zugeteilt wurde. Hitler sagte
1934 vor dem Reichsparteitag: *„Wenn man sagt, die Welt des Mannes ist der Staat, die
Welt des Mannes ist sein Ringen, die Einsatzbereitschaft für die Gemeinschaft, so
könnte man vielleicht sagen, dass die Welt der Frau ein kleinerer ist. Denn ihre Welt ist
der Mann, ihre Familie, ihre Kinder und ihr Haus."* [35]

5. Eltern und Kinder. Die Erziehung in der Familie

Die Erziehung des Volkes sollte nach dem drei Säulen Prinzip Familie, Schule und
Hitlerjugend bewerkstelligt werden.

„Wer die Jugend hat, hat die Zukunft.", war ein wichtiger Satz für die
Nationalsozialisten. Die Jugend stellte den wertvollsten Besitz des Volkes dar. Sie war
die Garantie für die Zukunft der deutschen Rasse.

Hitlers Ziel war es zielstrebige, einsatzfähige, aber vor allem gehorsame Jugendliche
heranzuziehen, die so früh wie möglich mit der Ideologie der Nationalsozialisten
vertraut gemacht wurden.

Rassenkunde und Nationalbewusstsein mussten in den Köpfen der Kinder und
Jugendlichen verankert werden, damit diese Anhänger der NSDAP und deren
Gedankengut wurden.

Die Familie sollte den Grund dieser Erziehung legen. Sie sollte das Kind mit den
nationalsozialistischen Werten und Ideen vertraut machen und sie ihm Nahelegen:
*„Denn Erziehen heißt nicht nur, daß man seine Kinder nährt und kleidet, daß man
ihnen beibringt, wie man durch die Welt kommt, sonder daß man ihnen auch, wenn*

---

[34] http://www.klett.de/sixcms/media.php/8/426030_s104_105.pdf (5.01.09).

[35] Oomen, Hans-Cert (Herausgeber): Entdecken und Verstehen. Vom napoleonischen Zeitalter bis zur
Gegenwart. Realschule Baden-Württemberg. 2006. S.124.

dieses Tun Erziehung mit Recht werden soll, die Werte einpflanzt, die für den Menschen ihres Volkes gültig sind.[36]

Nach nationalsozialistischer Auffassung wollten Kinder erzogen werden und hatten daher das Recht auf Erziehung durch ihre Eltern.

„Der kindliche Gehorsam, der dem Kinde im Blut liegt, ist die selbstverständliche Anerkennung, daß die Eltern die Nährenden und Wissenden sind, die nicht nur die leibliche, sondern auch die geistige Nahrung bereit halten, die in sich das Allgemeine und Gültige verkörpern. Deshalb ist das Verhältnis von Eltern und Kindern das Urverhältnis der Erziehung überhaupt, weil hier Erziehung nichts weiter ist als ‚Vollendung der Erzeugung' (Zönnies)[37]

Erst mit der Verheiratung der Kinder endete das Erziehungsverhältnis zwischen Eltern und ihren Kinder.

Nach dem drei Säulen-Prinzip war die Familie eine Instanz der Erziehung. Allerdings war sie diejenige Instanz, welche die Nationalsozialisten am schwierigsten kontrollieren konnte. Der Einfluss der Familie auf die Erziehung des Kindes war nicht immer im Sinne des Nationalsozialismus. Daher sollte sie die schwächste der drei Säulen bilden und die Erziehung sollte vor allem in der Hitlerjugend, bzw. dem Bund Deutscher Mädel stattfinden: *„Die Erziehung, die die Familie gibt, muß außerhalb ihrer weitergeführt werden, in der Schule, im Bund."*[38]

Die Jugendorganisationen galten für den Nationalsozialismus als die wichtigsten Erziehungsinstanzen. Hier gab es keinerlei Einflüsse, die nicht vom Führer und der NS-Ideologie kontrolliert werden konnten. Sie sollten das Kind total beherrschen, um den Einfluss von Schule und Familie zu verringern.

6. Die nationalsozialistische Familie in der Realität

Die Institution Familie wurde von den Nationalsozialisten auf der einen Seite idealisiert, verherrlicht und gefördert und auf der anderen Seite sahen sie die Gefahr, die von ihr für

---

[36] Becker, Horst: Die Familie. Bücher zur deutschen Volkskunde; Verlegt bei Moritz Schäfer in Leipzig. S.27.
[37] Becker, Horst: Die Familie. Bücher zur deutschen Volkskunde; Verlegt bei Moritz Schäfer in Leipzig. S.27.
[38] Becker, Horst: Die Familie. Bücher zur deutschen Volkskunde; Verlegt bei Moritz Schäfer in Leipzig. S.139.

sie ausging. Um die Familie besser steuern und kontrollieren zu können und ihre Loyalität, die allein Staat und Partei zu gelten hatte zu sichern, versuchten die Nationalsozialisten die einzelnen Familienmitglieder zu separieren. Sozialisation in der Familie war nicht erwünscht.

Die Nazis versuchten daher durch ständige Indoktrination ihren Einfluss zu sichern. Dies begann mit dem Eintritt der Kinder in die Schule und setzte sich ab dem zehnten Lebensjahr im Jungvolk, bzw. Jungmädeln und später in HJ und BDM fort. Die Erwachsenen hatten ebenfalls Verpflichtungen gegenüber der Partei zu erfüllen, die Familienverpflichtungen stets vorrangig waren.

Ruth Immken antwortete in einer Zeitzeugenbefragung vom 30.1.05 auf die Frage, wie ihre Familie zum Nationalsozialismus stand, folgendermaßen:

„Mein Vater war überwiegend an der Front, wir bekamen ihn nur selten zu Gesicht, doch meine Mutter ernährte die Familie. Sie war immer gegen Hitler gewesen und schimpfte oft und laut auf ihn, obwohl die Nationalsozialisten Mütter ja stark förderten. Ich weiß, dass meine Mutter wegen ihren sechs Kindern viele Zuschüsse bekam. Doch dies machte ihn nicht sympathischer für sie. Trotz dessen war sie eine angesehene Frau und konnte sich behaupten, doch wie gesagt, das hätte auch schlimmer ausgehen können mit der Anzeige. Durch die HJ waren meine Brüder sehr eingebunden in den Nationalsozialismus, doch zu hause kam dieses Thema nur selten zu Worte und das nicht nur, weil meine Mutter eigentlich die ganze Zeit arbeitete, sondern weil sie dem ganzen äußerst kritisch gegenüberstand und uns auch davon abgrenzen wollte."[39]

Eine andere emigrierte Deutsche schrieb 1939 aus Paris über Familie und Ehe zu NS-Zeit:

„Jahrelang haben die Nazis sich als Retter der deutschen Familie ausgegeben und Märchen darüber verbreitet, dass andere Ideologien die Familie zerstören. Während in anderen Ländern der Wohlstand der Familie gesichert wird, werden in Hitlers Reich durch die Kriegspolitik die Familien gewaltsam auseinandergerissen und zerstört. (...) Die Ehe ist für die Nazis keine Gemeinschaft zweier Menschen, die das Glück ihrer Familie und ihre Zukunft gestalten und darum gerne Kinder haben wollen. Im Dritten Reich wird die Ehe als Zuchtanstalt und die Frau als Gebärmaschine betrachtet."[40]

---

[39] http://nibis.ni.schule.de/~albertus/amg/zeitzeug/zeuge5.html
[40] http://www.klett.de/sixcms/media.php/8/426030_s104_105.pdf

Letztendlich wurde die Familie durch das NS-Regime auseinandergerissen. Diese wird in einem weit verbreiteten Flüsterwitz deutlich, in dem sich die ideale Familie, in welcher der Vater in der Partei ist, die Mutter in der Frauenschaft, der Sohn in der HJ und die Tochter im BDM, nur noch auf dem Reichsparteitag in Nürnberg treffe. Familie als Familie existierte nicht, sondern nur Familie für den Staat.

7. Quellenverzeichnis

Literaturquellen:

■ Becker, Horst: Die Familie. Bücher zur deutschen Volkskunde; Verlegt bei Moritz Schäfer in Leipzig.

■ Czarnowski, Gabriele: Das kontrollierte Paar. Ehe- und Sexualpolitik im Nationalsozialismus; Weinheim, 1991

■ Oomen, Hans-Cert (Herausgeber): Entdecken und Verstehen. Vom napoleonischen Zeitalter bis zur Gegenwart. Realschule Baden-Württemberg. 2006

Internetquellen

■ http://www.lsg.musin.de/geschichte/Material/Quellen/ns-familie.htm

■ http://www.scharf-links.de/57.0.html?&tx_ttnews%5Btt_news%5D=1050&tx_ttnews%5BbackPid%5D=25&cHash=cf2a74c32a

■ http://www.klett.de/sixcms/media.php/8/426030_s104_105.pdf

■ http://nibis.ni.schule.de/~albertus/amg/zeitzeug/zeuge5.html